Das

Reichsgericht.

Berlin oder Leipzig?

BERLIN.
Verlag von J. Guttentag (D. Collin).
1877.

I.

In Gemässheit der goldnen Bulle besass die Mark Brandenburg — wie die andern Kurländer — das Recht der eignen höchsten Gerichtsbarkeit, das s. g. *privilegium de non appellando.* Für die übrigen Königlichen Reichslande erwarb dasselbe der erste preussische König Friedrich I. am 16. December 1702, wenn auch zunächst nur in beschränktem Maasse. An diesen Erwerb knüpfte sich die Stiftung des Oberappellationsgerichts zu Berlin, des Vorgängers des Obertribunals.

Nachdem sich dann in den schlesischen Kriegen das junge preussische Königthum als eine selbstständige Potenz im europäischen Staatensystem siegreich bewährt hatte, erhielt das Königreich in Gemässheit des Dresdner Friedens unterm 31. Mai 1746 ein illimitirtes *privilegium de non appellando.* Erst jetzt war der König von Preussen vollständig Herr seiner Lande.

Von der neuen Machtvollkommenheit machte man in grossem Sinn Gebrauch. Friedrich Wilhelm I. musste klagen: „Die schlimme Justitz schreyet gen Himmel, und wenn ich's nicht remedire, so lade ich selber die Verantwortung auf mich." In seinem Geist war eine „kurze solide", „prompte und rechtschaffene" Justiz, die „gradedurch administrirt wurde", das Ziel, welches der grosse König nach Erwerb des unbeschränkten *privilegium de non appellando* durch seine Reformgesetze anstrebte, und in einer Weise, wie dies in Deutschland bisher auch nicht annähernd der Fall war, zur Verwirklichung brachte.

Die allgemeine und höchste Gerichtsbarkeit stand jetzt als unveräusserliches Hoheitsrecht allein dem Könige Preussens zu. § 8 Th. II. Tit. 17 des A. L. R. Doch wurde die Justiz im regelmässigen Gang der Dinge von den Gerichten administrirt — § 9 Th. III. Tit. I. A. G. O. — und immer entschiedener wurde deren Selbstständigkeit anerkannt.

Nach der Verfassungsurkunde vom 31. Januar 1850 wird die richterliche Gewalt durch unabhängige, keiner andern Autorität als der des Gesetzes unterworfene Gerichte im Namen des Königs ausgeübt. Die Richter sind lebenslänglich, sie können nur aus gesetzlichen Gründen ihres Amtes enthoben werden. Es soll in Preussen nur ein oberster Gerichtshof bestehen. Derselbe hat unter dem Namen des Obertribunals seinen Sitz in Berlin.

II.

Mit Errichtung des norddeutschen Bundes trat das Königreich Preussen wesentliche Theile seiner Souveränetät an den Bund ab, welche später mit Stiftung des neuen Deutschen Reiches an dieses übergingen. Dies wirkte auch auf die Justizhoheit ein.

In Folge des Bundesgesetzes vom 12. Juni 1869 wurde in Leipzig ein Bundes-Oberhandelsgericht, bald Reichs-Oberhandelsgericht genannt, mit einer über das ganze Reich sich erstreckenden Zuständigkeit für Handelssachen eingerichtet.

Bald wuchs dessen Kompetenz durch einzelne Reichsgesetze, insbesondere wurde das Reichs-Oberhandelsgericht auch Cassationshof für Elsass-Lothringen.

Nachdem nunmehr mit diesem Jahr durch die s. g. Reichs-Justizgesetze eine gemeinsame Gerichtsverfassung und ein Processverfahren für das gesammte Reich festgestellt ist, wird bekanntlich an die Stelle des Reichs-Oberhandelsgericht ein Reichsgericht treten, welches aber nicht mehr eine specielle, sondern eine allgemeine Kompetenz haben wird.

Dasselbe ist Gericht letzter Instanz — auf Revision und Beschwerde — in bürgerlichen Rechtsstreitigkeiten, es entscheidet ferner in letzter Instanz über Strafsachen. Das Reichsgericht ist endlich auch Staatsgerichtshof in Fällen des Hochverraths und Landesverraths gegen Kaiser und Reich. — G. V. G. § 135, § 136.

In Folge des Einführungsgesetzes zur Gerichtsverfassung § 8 kann jedoch durch die Gesetzgebung eines Bundesstaates, in welchem mehrere Oberlandesgerichte errichtet werden, die oberste Gerichtsbarkeit in bürgerlichen Sachen statt dem Reichsgericht einem Landesgerichte zugewiesen werden mit Ausnahme der Sachen, welche bereits jetzt dem Reichs-Oberhandelsgericht zustehen oder durch besondere Gesetze dem Reichsgericht zugetheilt werden. Von diesem Vorbehalt wird Bayern sicher Gebrauch machen. Das Gleiche wird möglicherweise Sachsen thun. Preussen gedenkt den Vorbehalt nicht zu benutzen. Es werden also die Funktionen des Preussischen Obertribunals auf das Reichsgericht übergehen.

Nach der Gerichtsverfassung des Reichs wird die richterliche Gewalt durch unabhängige, nur dem Gesetz unterworfene Gerichte verwaltet. Die Richter sind lebenslängliche. Abgesehen vom Fall der Criminalstrafe können die Mitglieder des Reichsgerichts gegen ihren Willen nur auf Grund eines Plenarbeschlusses des Reichsgerichts ihr Amt verlieren. Die Zuziehung von Hülfsrichtern beim Reichsgerichte ist unstatthaft. Der Präsident und die vier ältesten Mitglieder des Gerichts bestimmen vor Beginn des Geschäftsjahrs die Zusammensetzung der Senate je für ein Jahr. Die Mitglieder des Reichsgerichts werden auf Vorschlag des Bundesraths von dem Kaiser ernannt.

III.

Die Unabhängigkeit der Rechtsprechung durch selbstständige Gerichte ist aller bürgerlichen Freiheit Anfang und Schlussstein. Unter ihrem Schutz allein kann sich die bürgerliche Gesellschaft eines festen Rechtszustandes erfreuen, in ihrem Schirm wächst und gedeiht Sicherheit der Person und des Vermögens, gesundes politisches Leben, Selbstgefühl und Manneswürde. Es ist der Ruhm und die Zierde der konstitutionellen Monarchie, dass sie allein solche Unabhängigkeit voll gewähren kann. In der absoluten Monarchie fehlen die politischen Grundlagen für die gesicherte Selbstständigkeit des Richterstands und die Sitte und die öffentliche Meinung können sie nur bis zu einem gewissen Grade ersetzen. Die demokratische Republik vollends verträgt, wie das Beispiel Nordamerika's und der Schweiz zeigt, selbstständige Gerichte nicht leicht. Dort gilt der Satz, wer die Gerichte hat, ist Herr. Die von den Massen getragene Parteibewegung duldet daher den Damm nicht, welchen ihr eine unabhängige richterliche Gewalt entgegensetzen würde. Der auf Zeit gewählte Richter dient der Stärkung der jeweilen herrschenden Parteibewegung oder er wird ein Sturmbock für die heranwachsende Opposition.

Der konstitutionelle Monarch in seiner unangefochtenen und erhabenen Stellung kann dagegen die Gerichtsbarkeit, unbeschadet der Regierungsaufgaben durch selbstständige Organe üben. Denn sein Recht ist ein unbezweifeltes und festgesichertes, das hoch steht über den einzelnen den Gerichten anheimfallenden Fragen. Wo freilich die Verfassung eine unfertige ist, wie im deutschen Reich, wo die Befugnisse des Monarchen — und hierunter können wir hier nur den Kaiser verstehen — wenig bestimmte und flüssige sind, wo das formale Recht wenig den materiellen Gewaltverhältnissen entspricht, ist die absolute Unabhängigkeit des höchsten Gerichts in manchem Sinn ein Experiment.

Dennoch wird sich auf alle Gefahr hin, jeder liberalgesinnte Deutsche und Preusse damit einverstanden erklären, dass sich im Reich alle Garantien für die Selbständigkeit des höchsten Gerichts finden, welche bereits die preussische Verfassung gewährte, und die durch spätere Gesetze Preussens gesichert wurden, ja dass die Unabhängigkeit des Reichsgerichts noch weit hierüber hinaus bis zur äussersten Grenze gesteigert wurde. Diese Steigerung liegt vorzugsweise in Folgendem.

Die Mitglieder des Reichsgerichts werden auf den Vorschlag des Bundesraths vom Kaiser ernannt. Ein grosser Theil der Mitglieder verdankt daher seine Ernennung nur formal dem Kaiser. Er ist nicht hervorgegangen aus dem festem Gefüge der preussischen Büraukratie, sondern wurde in dem Dienst der Mittel- und Kleinstaaten ausgebildet, wo man den Kaiser erst seit kurzer Zeit und nur unvollkommen als eine dem Staatswesen zugehörige Potenz betrachtet. Das durch die Pietät gegen den Landesherrn verstärkte Gefühl der inneren Abhängigkeit wird daher einem Theil der Glieder des Reichsgerichts zunächst nur in beschränktem Maasse innewohnen.

Ferner schliesst die Gerichtsverfassung des Reichs mit Recht jeden Einfluss der Regierungsgewalt auf die Zusammensetzung der Senate des Reichsgerichts aus. Dieselbe geschieht ausschliesslich durch den Präsidenten und die vier ältesten Mitglieder.

Hervorzuheben ist auch, dass nach Art. 106 der preussischen Verfassungsurkunde die Prüfung der Rechtsgültigkeit gehörig verkündeter Königlicher Verordnungen nicht den Behörden, sondern den Kammern zusteht. Im Reiche besteht eine ähnliche Bestimmung nicht. Das Reichsgericht ist in Bezug auf Reichsgesetze jener Beschränkung nicht unterworfen. Ob es dieselbe für die preussische Landesgesetzgebung anerkennt, mag zweifelhaft sein, da die Behörden, von welchen der Art. 106 der preussischen Verfassung handelt, offenbar nur preussische sind und es sich daher behaupten lässt, dass das Reichsgericht die bezügliche Prüfung der Königlichen Verordnungen Preussens nach allgemeinen Grundsätzen anstellen könne. Auch hierin läge jedoch nur ein durch die Entwickelung zum Bundesstaat vermittelter Fortschritt.

IV.

Die Reichsjustizgesetze haben den Sitz des Reichsgerichts nicht festgestellt. Nach § 125 des Gerichtsverfassungsgesetzes soll derselbe durch ein besonderes Gesetz bestimmt werden.

Preussen hat bekanntlich dem Bundesrath Berlin als Sitz des Reichsgerichts in Vorschlag gebracht. Der Bundesrath aber hat mit 30 gegen 28 Stimmen diesen Vorschlag abgelehnt und Leipzig anstatt Berlins designirt. Welche Motive den Bundesrath hierbei leiteten, ist bis jetzt noch nicht bekannt geworden; wir sind daher nicht in der Lage, dessen Beweggründe zu beurtheilen. Abgesehen von dem Umstand, dass in Leipzig bereits der oberste Gerichtshof für Handelssachen sich befindet, pflegte man in der Oeffentlichkeit gegen Berlin anzuführen die Furcht vor einer übertriebenen Centralisation und die Rücksicht auf die Unabhängigkeit der Gerichte.

Am wenigsten wird in das Gewicht fallen können, dass Leipzig für die Handelssachen bereits oberster Gerichtshof ist. Dies war eine spezielle Kompetenz. Dem würde auch mit Recht entgegengestellt werden können, dass in Berlin für drei Fünftel des Reichs der oberste Gerichtshof sich befindet. In Leipzig besteht ein oberster Gerichtshof seit sieben Jahren, in Berlin hat er seinen Sitz seit länger als einem Jahrhundert.

Der Vorwurf der Centralisation ist in solcher Allgemeinheit nicht viel mehr als eine Phrase. Wer ein festes Staatengebild in Deutschland will, muss centralisiren in allen den Dingen, die einem solchen Staatsgefüge nothwendig sind. Ist nicht der oberste Gerichtshof selbst eine Centralisation des Richterwesens, die freilich dadurch, dass man Bayern und Sachsen gestattet, sich auszuschliessen, eine bedenkliche Lücke hat! Nicht mit den Schlagwörtern Centralisation und Decentralisation haben wir zu verfahren. Wir müssen die Frage vielmehr stets nach dem concreten Fall lösen.

Es bleibt die Unabhängigkeit des Reichsgerichts. Sie soll, insinuiren Stimmen der Presse, auch nicht durch einen Lufthauch getrübt werden können. Orden und Titel kann man nun einmal den Richtern nicht schlechthin verbieten; doch in Leipzig, der Stadt der Kaufleute, haben diese Dinge weniger Gewicht, als im Kreise hoher Beamter der Hauptstadt. Und dann kann nicht die Nähe des Hofes, das Lächeln oder die Ungnade hochgestellter Personen einen Einfluss üben, welcher in der Mittelstadt verschwindet?

Man erröthet dergleichen zu erwähnen, wir halten es für impudent, gegenüber der Integrität des deutschen Richterstands auch nur mit einem Worte hierauf einzugehen. Wohl aber werfen dergleichen Argumente ein Schlaglicht auf die Gesinnung zahlreicher Gegner. Wir wissen sehr wohl, dass ehrenwerthe und uns politisch nahestehende Männer den Gegnern zugehören. Die Art der Argumentation des Gros dieser Gegner zeigt aber zur Genüge, dass die Tendenzen der Secession und der Feindseligkeit gegen Preussen, gegen seine Reichsstellung, wie gegen seine Monarchie deren Opposition belebten.

V.

Die Unabhängigkeit des Richterstands ist das kostbarste Gut bürgerlicher Freiheit. Aber keine noch so edle Gabe, die nicht in ihr Gegentheil verkehrt werden kann. Man hat die Unabhängigheit der Mitglieder des Reichsgerichts gesetzlich auf das höchste Mass angespannt. Doch welche Garantie wird uns dagegen gewährt, dass nicht die Richter diese ihre unvergleichliche Freiheit missbrauchen. Nicht im niedrigen Sinn; dafür bürgt uns der Sinn des preussischen und deutschen Richterstands, wie er vor Allem auf der Basis der fridericianischen Gesetzgebung erwachsen ist. Liegt aber

Rechthaberei und Starrsinn dem deutschen Charakter so sehr fern, dass die hieraus entspringenden Gefahren nicht in das Auge zu fassen sind? Kann nicht aus dem Kreise der lebenslänglichen, unabhängigen Mitglieder des Reichsgerichts der Regierungsgewalt ein fast unüberwindlicher Antagonismus erwachsen? Hat Preussen, hat das deutsche Reich nicht der Widersacher genug, soll es der Möglichkeit Raum geben, dass ein neuer Gegensatz entstehe?

Wie aber lässt sich diese Gefahr bannen? Nur durch das eine Mittel. Man stelle das Reichsgericht in den Strom des öffentlichen Lebens, man versetze es nicht in eine Mittelstadt, wo sich leicht eine gewisse Einseitigkeit ausbildet, man bringe es dahin, wohin es gehört, in die Reichshauptstadt. Dort wird und muss auch der Nichtpreusse verwachsen mit den Anschauungen, welche im dominirenden Staatswesen pulsiren, dort wird er den Staat verstehen lernen, welchem er zu einem so wesentlichen Theil mitzudienen berufen ist. Hier im Mittelpunkt der Gesetzgebung und des öffentlichen Lebens wird ihm der bestimmende Gedanke der Gesetze und ihre Nothwendigkeit in die lebhafte Anschauung treten.

Das Reichsgericht hat in Wirklichkeit eine erhebliche legislative Thätigkeit, da ihm die Interpretation der Gesetze zufällt, durch welche erst deren praktische Tragweite festgestellt wird. Diese legislative Gewalt ist eine fast souveräne, es gibt hiergegen bei Fehlgriffen nur die Remedur einer langsam und schwerfällig nachkommenden Gesetzgebung. Um so nothwendiger ist es, dass die legislativen und die obersten judiciellen Gewalten nach demselben Ziel hin sich bewegen. Man unterschätze aber dabei die örtliche Trennung nicht, ebensowenig die Zugehörigkeit des Gerichtssitzes zu einem partikularen Staatswesen. Solche Trennung macht vor Allem das lebendige verständigende Wort unmöglich. In einer kleineren Stadt fehlt überhaupt das gewaltige Gewicht einer dominirenden intelligenten öffentlichen Meinung. Das preussische Obertribunal hat in einer denkwürdigen Rechtssache, abweichend von früheren Präjudicien, die Redefreiheit der Abgeordneten gegenüber dem Strafgesetzbuch in Frage gestellt. Es war dies eine verhängnissvolle noch jetzt nachwirkende Entscheidung. Aber wie wurde damals die öffentliche Meinung erregt, gerade hierdurch aber auch die Bedeutung dieser Entscheidung abgeschwächt! Man denke sich das oberste Gericht des Reichs in einer Mittelstadt, wie platt wäre die öffentliche Meinung gegenüber dem Collegium, welches dort durch solche Fluthen kaum berührt werden kann, abgefallen.

VI.

Durch die gewaltigsten Anstrengungen haben Preussens Könige und Volk einen geschlossenen Staat gegründet, welcher bei dem allgemeinen Zusammenbruch des deutschen Reichs die staatlichen Aufgaben mit den geringsten Mitteln unter den grössten Schwierigkeiten auf das Glänzendste löste.

Was damals Preussen für sich rettete, soll jetzt wiederum dem neuen Deutschen Reiche zu Gute kommen.

In diesem Sinn ist die Gründung des Reichs, das Aufgehen Preussens in demselben zu begrüssen.

Nimmermehr aber darf zugegeben werden, dass was durch jene Anstrengungen geschaffen wurde, sich auflöse in Desorganisation. Dies muss auch für die Frage des Sitzes des obersten Gerichtshofs maassgebender Gesichtspunkt bleiben.

In einer Abstimmung freilich, in welcher die kleinsten Staaten Deutschlands das Zünglein der Waage bestimmten und Preussen majorisirend den Ausschlag gaben, wurde im Bundesrath beschlossen, das Reichsgericht nach Leipzig zu verlegen. Schon dies scheint, zusammengedacht mit der Weise, wie die secessionistische Presse die Frage vorher behandelte, von schwer wiegender Vorbedeutung. Der Kaiser und König wird von seinen Bundesgenossen genöthigt, gegen seinen Willen den Sitz seines obersten Gerichts von seiner Residenz hinwegzuverlegen! Eine solche Entwicklung könnte uns zurück in die Zeiten des heiligen römischen Reichs deutscher Nation versetzen. Doch wir hoffen noch, dass der Reichstag als Vertreter der deutschen Nation jenem Beschluss seine Zustimmung nicht gewährt.

Sollte dies gleichwohl geschehen, so könnte vielleicht die Zeit wieder kommen, in der sich Preussen gezwungen sähe, diesmal gestützt auf § 8 des Einführungs-Gesetzes zum Gerichtsverfassungs-Gesetz, die *privilegia de non appellando* zu erneuen, um auf's Neue einen dem Staatswesen conformen Rechtszustand herzustellen. Wir unsererseits weisen solche Gedanken entschieden zurück. Aber daran halten wir fest, Preussen muss der Kern bleiben, um welchen sich das deutsche Staatswesen gruppirt; es darf sich nicht die Sache so gestalten, dass der grösste deutsche Staat in dem Chaos durcheinander gehender Bestrebungen zu Grunde gerichtet wird.

Ein mächtiges Element der Organisation des Reichs im gesunden Sinn wäre ein Reichsgericht zu Berlin; das Reichsgericht zu Leipzig könnte — die Vorgänge, die sich jetzt abspielen, legen dies nur zu nahe — ein Ferment der den deutschen Staat bedrohenden, in Gährung befindlichen Elemente werden.

Druck von Troitzsch & Ostertag in Berlin.

FSC
www.fsc.org
MIX
Papier | Fördert
gute Waldnutzung
FSC® C083411

Kolibri 360 GmbH
Ferdinand-Jühlke-Straße 7
99095 Erfurt, Deutschland
produktsicherheit@kolibri360.de